Seelenflutung

Thomas Hoffmann

Seelenflutung

Poetische Versuche das Leben zu atmen

Mit Illustrationen von Nadine Neu

BoD Verlag

Bibliografische Information der Deutschen Nationalbibliothek

Die Deutsche Nationalbibliothek verzeichnet diese Publikation in der Deutschen Nationalbibliografie; detaillierte bibliografische Daten sind im Internet über http://dnb.d-nb.de abrufbar.

© 2009 Thomas Hoffmann
Herstellung und Verlag: Books on Demand GmbH, Norderstedt
ISBN: 978 3837 0871 16

Für Nadine, die mich mit so viel Geduld und beruhigenden Worten auf meinem oft schwierigen poetischen Weg begleitet, in Liebe...

Inhaltsverzeichnis

„Die Welt muß romantisiert werden. So findet man den ursprünglichen Sinn wieder [...]"

Novalis, aus Fragment 419

Enthüllung

Wir sind wie jenes Spiel
dort, in den Bäumen –
nur manchmal kennen wir ein Ziel,
doch öfter gehen wir aus schweren Räumen
hervor, vielleicht als Nebel oder Blasen
hinein, hinein in diese Welt,
und immer wieder endlos schönes Bild
und Tragik, wenn wir dies vergaßen,
das uns durchhallt und in uns quellt –
ich will nur trinken, trinken, unentstellt
und hoffen, dass das Leben sich enthüllt...

Schwermütiger Augenblick

Die Dinge scheinen leiser heute Nacht,
da alle Liebe in mir flieht und schreit –
mein Blick ist müde und erfüllt von Neid,
und nichts vergibt mir meine stille Wacht...

Es gibt kein Fliehen, wir sind enger Raum,
ich weiß ja, dass mich selbst die Träume meiden;
denn ich verstand es nie, wie jener Baum
mich fortzugeben, wenn die Tage scheiden...

Ich bin gefangen und versteh' es kaum,
doch meine Schwermut kann ich nicht bestreiten –
denn was wird von mir gehn am Lebenssaum,
und wo geht alles hin nach allen Zeiten?

Versonnenes Träumen

Spielend im Dialog mit den Winden
ein Liebeslied hören ist mein Verweilen,
mein Mich-Verlieren und Wiederfinden,
mein Mich-Verzaubern im All der Dinge.
Unsagbar reich durchdrungene Zeilen,
sich überzeichnend im Laut der Welten,
mich verweisend an sich bescheidende Ringe
verzweigter Äonen, wie Winterlaub selten...

Verweisende Betrachtung

Es ist verlockend, immerfort zu schweigen,
weil sich des Daseins Schönheit nicht erzählen lässt –
wir liebten uns und können es nicht zeigen,
was uns am Leben hält ist nur ein karger Rest...

Ich möchte so oft weinen und bin tiefbetrübt,
obschon die tiefste Freude mich entzündet –
doch ich bin einer jener, die das Mondlicht liebt,
und der Verträumte, der nie still erblindet...

Stimmung

Ich ergieße mich, wie wunderbar,
in diese volle Welt mit jedem Atemzug –
und meine Seele taumelt, nie genug
sind ihr die schillernden Gebärden;
ganz so, als wäre alles was je war,
und was gewollt ist, noch zu werden,
ein Flackern ihr um ihre Augenlider,
ein gieriges Ertrinken in Lebendigkeit,
sich um sie streitend in der fahlen Zeit
und sie verführend, immer wieder,
bis sie und alles das Umgreifende befreit.
Doch nichts an jedem vollen Augenblick,
der sie erfüllt wie schweifendes Umfluten,
fühlt sie umsonst, weil all die Bildergluten
sie, sich und alles aufbereiten für das Glück.

Depression

Die Nacht hat nichts von jener Qual gespürt,
da meine Seele sich aus mir hinaus –
wie sanft von einer Liebe angerührt –
in ihre warme Dunkelheit zersetzte...

Jetzt drückt mich dieses Lebens Schönheit nieder
und ich, der von der Welt Verletzte,
bin nirgends mehr zuhaus.

Und alle Dinge sind wie Trauerlieder
und langsam sterben mir die Träume aus.

Verlust

Regen, Regen,
wie schwer er fällt –
Regen auf meiner Welt...

Überall mein Leben
bedeckt vom Regen –
Regen, der fällt,

versagt mir das Geben,
versagt mir das Lieben,
einsam verblieben,
im Regen, der fällt...

schwer meine Welt,
Nacht auf den Dingen,
vorbei mein Klingen
im Regen, der fällt...

Heimat in mir

Was wirst du tun, von Morgentau
und fernem Abendrot bedeckter Hain?
Jetzt ist mein Hall durch Meeresblau
in mich gekehrt, und ich bin dein –
nun kann ich schweigsam sein…

Was wirst du tun, nun da ich wohne
in deiner spiegellosen Einfachheit?
Nun da ich Dinge liebe ohne
sie zu bedauern in der rohen Zeit –
nun ist mein Raum so weit…

Da ich nicht weiter wandele im Vagen,
und keine Ewigkeiten male in die Welt,
nun zögere ich ängstlich, dich zu fragen,
was wirst du tun, mich zu ertragen?
Heimat in mir, die mich entstellt –
weil mir der Schein gefällt…

Sind wir denn mehr...

Sind wir denn mehr als jene Blüten dort,
die, sich entleerend, in die Räume klingen?
Melodien gleich, die sich den Dingen
zärtlich offenbaren, wie ein schönes Wort...

Wie sie ihr Blühen niemals hinterfragen,
so still, als dürften sie für immer bleiben –
als warteten nicht Stürme, sie hinauszutragen,
sie zu enträtseln und dann neu zu schreiben...

Sie wissen es und fürchten nicht das Weichen,
sie lieben es, dies alle Träumenden Verzehrende,
die sonderbare Zeit, die sie aus jenem überreichen
tiefsten Grunde allen Seins Belehrende...

... und ich, bin ich denn jenen Blüten gleich,
die, sich entleerend, in die Räume klingen?
Ich, wie die Träumer, so an Ängsten reich
und nie nur wissend bei den Dingen...

Trauma

Unabwendbar taucht mein Ich zurück
in den gespenstig hohen Dom aus Einsamkeit
und atmet Dornendolche aus der kalten Nacht,
ein Lied gebärend, das mich stumm verschlingt...

Mein ausgebranntes Herz erschauert Träume
und wirft den schweren Schrei ins Nirgendwo –
das Warten muss mich ins Vergessen reißen,
und qualvoll wird mein Alles sich verschweigen...

Mein Feld ist endlos weit und leergeschneit,
ich winde mich zum Schutz in Morgendüfte ein –
die Zeit ist unerbittlich wie ein Winterregen
und überwindet neidisch mein Geborgensein.

Wehmutslied

Oft will der Alltagsnebel sich nicht mehr
aus meinem müden Herzen lichten –
und doch, ich bin nur eine tausender Geschichten,
die aufbegehrn, um alles zu berichten,
von starren Seelen, wie die Abendröte schwer...

Es ist ein Wehmutslied, daran wir kranken,
und alles in uns schreit hinaus nach stillen Dingen –
doch die Strukturen, die uns niederzwingen,
versagen uns das An-den-Bildern-Widerklingen,
und setzen aller Selbstentfaltung engste Schranken...

Dichtermelancholie

Mir stürzt das Leben ein,
zertrümmernd, Stein um Stein;
Regen schlägt dumpf auf die Welt,
Liebenden in die Hand,
und nichts hat mehr Bestand...

Kein Schaudern mehr, kein Zittern,
wenn dumpf der Regen fällt –
nichts mehr als stilles Blau
und nirgends Land...
Traurig sein und nie verbittern
wach im Fortgehn sein, wie Tau –
ist das nicht wahrhaft Leben?
Ich schmecke jede Regung
und lausche leise: Seelenbeben,
verzückende Bewegung
im Geben...

Gespräch mit der Nacht

Jetzt, da schweifende Erinnerungen
Sterne durchbrechen, die ich eratme,
ist: „Habe ich jemals wirklich gelebt?"
der fragende Ruf an mein Bleiben,
an mein suchendes Schwelgen,
der alles durchwebt...

Was denn besagt das tröstende,
das im Winde verwehende, gehende,
wenn noch so zärtliche,
Schweigen der Nacht...?

Mein Wachen geht leise, entlang
der Gebärden des Reifens, die überall
wachen, um mich zu beschimmern,
wenn ich verstehender Spiegel wäre
in meiner Lust...

Schicksal des Einzelnen

Ich bin ein Einzelnes und dies allein
verkündet, dass ich sterbe –
hinaus ins Allgemeine...

Denn dies allein liebt alle Zeit,
ein Sich-Vergehen in das Formenlose,
das nichts besagt, und
alles unbestimmt umgreift...

Schauerlicher Traum

Das ist der Traum der Angst,
den ich, verstummt und leer,
in meinem warmen Herzen trage –
dass ich nicht lesen und nicht hören kann,
dass ich in tiefster Einsamkeit vergehe...

Das Bilder-Schmecken und das Lieder-Fühlen
sind für mich der tiefste Einheitsmelodienreim,
den ich ertragen muss in all der süßen
Schwere, die mich heimwärts trägt...

Vom Leben

Ich gehe die Rundung des Lebens entlang,
unbemerkt wie Seidenblüten in den Lüften;
da schwebt das Unbeschwerte in mir wie Gesang,
und mein Erträumtes ist ein Wachsgeflecht aus Düften...

Ein leises Lied, das sich um Wolken windet,
ein ruhendes Versprechen weit entfernter Länder,
der Abgrund wartet, wo sich keine Hoffnung findet,
und zieht mein Bleiben wortlos über seine Ränder.

Jene Melodie...

Es ist ein Rauch um mich und Staub
in mir, dem seltsam Unverständlichen,
dem von der Dinge Ruf Betrunkenen,
der um sich wirft und schreit...

... und Angst nagt tief, die keine ist,
in mir und drückt mein Schweigen fort
in jenen Staub und Rauch, den nur
dies unverwund'ne Sehnen in mir zeugt.

Denn jener Melodie, die keiner sieht, die Linien
und das Blatt bin ich und kann
nicht weichen...

Liebe zur Nacht

Wie einst der Tag so dürste ich danach,
dass mich die Nacht mit meinem Leid verschlingt;
denn ich bin jemand, dem die Zeit misslingt,
ich bin der Irrende, den alles Licht zerbrach.

Und all die Dinge scheinen mir so leise
in Form gehalten von der Dunkelheit,
so eng verschlungen und unendlich weise,
so harrend jenseits aller Helligkeit...

Spontane Zeilen

Dort, wo die Gefühle leben,
will ich bleiben immerdar –
mich nur an das Reine geben,
mich in alles dies verweben,
was da ist und was je war...

Ich will fühlen und nicht denken,
will erblühen in der Nacht,
mich nur jener Stille schenken,
und mein Herz in sie versenken,
die da lebt, wo Reinheit wacht...

Über die Liebe

Das Leid dieser Welt mildert
den Zauber der Liebe gering –
nichts, was uns reiner schildert,
Seelen schöner bebildert,
darin so Schweres verging.

Im Verzehrenden reinigt
ihre Wärme zum Bleiben hin –
obgleich Scheidendes peinigt
hält sie uns vereinigt,
wehmütig-süßer Sinn.

Furcht des Individuellen

Ich fürchte die Rede vom Reinen,
das alles vereinsamt und seltsam macht –
Entzauberung droht uns die Welt zu verneinen,
doch wir und die Dinge sind was wir scheinen
und noch viel reicher als Sternenpracht.

Die rührende Zartheit sanft schimmernder Formen
will mir die Seele erheben und mich versöhnen –
Sie ist soviel tiefer als alle beengenden Normen,
die mir vor Wissen um Allgemeines stöhnen,
und ich muss bei ihr die Begriffe verhöhnen.

Weichen

Meine Augenlider pochen dumpf
an meine Hände, die alles verlieren –
Unerträglichkeit leuchtet mir Raum
im Genuss beständigen Weichens.
Bin ich denn weniger heute als alles
was mich berührte und an mir zerrann?
Dass ich beschenkt bin und über der Zeit
mich und mein Leben verstehe ist Tiefe,
ist so erhebend und doch ohne Dauer,
und ich kehre zurück an Orte,
die nie mehr irgendwo sind...

Selbstbestimmung

Ich bin wie wir alle im Angebot,
zu verkaufen und zuzubauen –
die Trägheit lässt uns vertrauen,
unsere Freiheit aber hat Not.

Ich verweigere meinen Verkauf,
mich werdet ihr nicht planieren!
Ich wachse weiter ins Blaue hinauf
und werde mich selber regieren.

Eure Zwänge werden mich schikanieren,
wie ihr alles bedrängt und umzäunt –
eure Steinquader werden mich attackieren,
doch mein Herz ist in Freiheit gebräunt.

In mir brodelt zu sehr das Leben,
als dass ich nicht frei bleiben müsste –
ich bin der weichende Fels an der Küste
und muss mich ins Wogen verweben.

Dasein

Wer spricht das Vage aus,
wer schöpft den Quell der Tiefen?
Es führt kein Weg hinaus
aus Traurigkeiten,
die dich wahrhaft riefen...
oh, dieses Leiden...
Melancholie, schwer wie der Schaum,
in den die Wasser fliehn,
wenn Brandung naht, und kaum
dass je ein Land sie sieht, verblassen...
Was soll ich aus dem allen ziehn,
als Lust und Fühlen, ohne Hassen,
als liebend hinzusterben
und alles Scheiden voll zu fassen,
was tun, als mich entfaltend zu verderben...?

Grenzen

Ich weiß nicht, bin ich tief genug,
hab ich gewagt, mich zu verlieren?
Wie hoffnungslos, dies zu berühren,
was mir mein Leben trug...

Was sagt dies: Kostbarkeit des Augenblicks,
wo wird ein Wort zur Melodie?
Bin ich denn wirklich Dichter meines Glücks,
war ich es immer schon, war ich es nie...?

Ach Du, mein Dauern, Du, mein Alles,
mein Leben ist so wahr, seit ich Dich fand,
mein Leben ist der Schrecken eines Falles,
denn wo, wo endet unser Land...?

Durst

Das ist Tiefe: weichen können
und dennoch ernst und ganz zu leben –
und Liebe ist: nichts zu benennen
und dennoch alles offen zu durchweben...

Bin ich denn tief, bin ich bescheiden?
Mein Krug ist niemals voll genug
mich zu berauschen an den Weiten,
an all der Schönheit – ist dies klug?

Es ist mir einerlei, ich trinke
jedes Bild und jede Rührung, jeden Klang,
und ich benenne nichts, doch mir ist bang,
dass ich einst dürsten soll und niedersinke...

Der Dichter

Ich kann es selber nicht erklären,
die Dinge rühren mir die Seele an,
als ob wir Räume ohne Ränder wären,
einander findend hier im Irgendwann.

Ganz so als wären wir Vertraute,
verstummt an dieser wilden Welt,
der Spieler sie und ich die Laute,
die tiefste Einheit bei einander hält.

So klingt mein Leben sonderbar dahin,
die Bilder sinnen tief in mich hinein,
ich bin verbunden mit dem Anbeginn,
doch hier, in dieser Welt, allein...

Ohne Dich...

Ohne Dich
bin ich nicht ich,
ohne Dich
kann ich nicht leben,
ohne Dich
mir nicht vergeben,
ohne Dich
bin ich verloren,
ohne Dich
gar nicht geboren,
ohne Dich
tut was ich seh'
ohne Dich
nur furchtbar weh,
ohne Dich
berührt mich nicht
ohne Dich
das Sternenlicht,
ohne Dich
kann ich nicht hören
ohne Dich
mich nur zerstören,
ohne Dich
nur traurig denken,
ohne Dich
kein Lächeln schenken,
ohne Dich
ist gar nichts mein
ohne Dich
kann ich nicht sein.
Mein ganzes Herz
liebt Dich allein.

für Nadine

Musik

... und plötzlich wird ein Sonnenstrahl
und all der Wind in Räumen
ein Klingen in den Bäumen,
und nichts ist mir egal –
mein Leben schwelgt in Träumen...

... und ich empfinde alles tausendfach,
das kleinste Kleine rührt mich an,
ein Liderschlag im Irgendwann,
und alles an mir tiefstes „ach" –
und Wehmut hält den Bann...

... und ich entweiche in die Bilder,
das Unsagbare trägt mich fort,
nie ist mein Dasein milder,
nie bin ich reiner Ort...

Besorgte Beobachtung

Es erfüllen immer Momente
mein Herz so sehr mit Musik,
aber das Staunen der Welt ist zu Ende,
wir zerstören die Klänge wie Krieg.

Wir hasten betäubt und verwandelt,
taub für das Rufen der Bilder,
Uneigentlichkeit hat uns ummantelt,
unser Wesen war nie ungestillter.

Der Raum der Nähe geht uns verloren,
Vereinzelung hat uns getrennt,
wir sind selten in Freiheit geboren
und vieles verarmt uns, was uns benennt.

homo alienatus

Was frei war, einst, und floss
stockt heute, stillt nur noch
Egoismen, die gebremst,
getrennt, sich fremd
im Nirgendwo verlieren...

... und ich, mich selbst verlierend,
will Ort, will Widerstand
sein, finde nicht in meinen
Fluss, doch stehe halten wollend,
widerstreitend, ja, mich
windend und zermürbend, wie bre-
chendes Geäst...

Die Winde scheinen, die vorüber
gehen, längst vorbei, wie wir,
die wir, nicht Augenblicke mehr,
nicht Spiegelbilder mehr, nicht
Ruhende, nein Kämpfende vielmehr,
das Leben nicht mehr
lebend, die Zauberworte
nicht mehr hörend, nein alles
über uns ergehen
lassend,
wie gelähmt... –
stumpf, manipuliert, an
ganz v e r z e r r t e n Spie-
gelbildern
uns zer-
rei-
bend...

... die Welt muss wieder
Orte gründen...

43

Seelenflutung

Flutung der Seele,
Flutung der Seele,
zerbrechliches Kelchrund
gefüllt bis zum Rand...

Flutung der Seele,
belebender Brand
auf meinem Grund...

Flutung der Seele,
gespreizt in die Wogen,
getränkt ohne Halt...

Flutung der Seele,
Dämme gehoben,
gestillte Gestalt...

Der gefährdete Mensch

Aus den Momenten sind wir ausgezogen
und haben selbst die Wohnungen geräumt –
wie unerträglich, dass wir uns belogen
und unbemerkt vergaßen, wie man träumt.

Wir regnen wohl noch immer auf die Dinge,
wie das von jeher unser Leben war –
doch sie verweigern sich wie eine Klinge,
denn wir veränderten uns sonderbar.

Wir sehnen einsam durch den leeren Raum,
in Vakuum verschweißt und ohne Werden –
ist das nicht Hochverrat an jenem Traum,
an allen uns entfaltenden Gebärden?

Wo leben wir denn noch im Widerschein,
aus dem die kleinsten Augenblicke strahlen?
Wir hetzen blind dahin und sind allein,
die Welt kann sich nur selten in uns malen.

Wir sollten uns wie Abendrot vergeben,
durch das so schweigsam Wahrheit scheint –
es ruft uns immer wieder jenes Leben,
das unbeachtet in uns schreit und weint.

<u>Für Nadine</u>

Wie ist jene tiefe Angst in mir so leise
und alle Einsamkeit so stumm geworden,
seit ich an Deinem Herzen liege,
seit ich mit Dir durch Deine Träume reise –
mich schrecken nicht mehr jenes Tages Pforten,
ich ruhe sanft in Deiner Hände Wiege...

Was ist der Abschied noch, der uns umfängt wie Wind,
was heißt denn Fortgehn noch für unsre Liebe,
für Seelen, die so tief verwoben sind,
dass alles Leid nie Raum mehr in sie triebe...

Ich liebe Dich noch bei den Jenseitssternen,
wie warm bei Dir doch Frieden in mir reift,
ich weiß, uns kann nicht Raum noch Zeit entfernen,
weil unsre Liebe längst das Ewige umschweift...

Zugfahrt

Was ist das: vages Schweigen
auf spiegelnde Flächen gemalt,
zerschossene Seele im Bilderreigen
von Liebe zum Leben erstrahlt…

Triebwerkschaden, Baum ohne Rinde,
bangend und schutzlos im Wind –
Endstation: Ziel ohne Gründe,
und ich: noch immer nur Kind…

Was ist das: Zugfahrt des Lebens
und ich: ohne Fahrschein und Ziel –
entschuldigen Sie, ich reise vergebens
mir ist das Fortgehn schon lange zu viel.

Momentaufnahme

...und dieser Kuss
und alle Regung an Dir
und das Beben auf Deiner Haut,
und das Lachen auf Deinem Mund,
all dieses tiefe Hier...

...und immer wieder, tausende
Momentaufnahmen Deiner Liebe,
aufflackernd in mir, einzigartig
in jedem Moment...

...eingebrannt in mein Herz,
ringend um Dauer...

Ich harre regungslos,
und Du und jene Augenblicke
fließen bleibend in mir fort...

Wie ich dies Fließen liebe,
schaudernd-ängstlich, weil
es Dich und Dein Schimmern
so rein in mir klingen lässt...

Gedanken

Ich erinnere mich an die Nachmittage,
Flüsse flossen durch das leere Land –
nicht, dass ich dies Träumen hinterfrage,
doch in mir hat jene Weisheit nie Bestand.

Denn ich sehne mich nach einem Niederlegen
meiner Seele auf den Raum der Dinge –
weil ich wüsste, ich bin jetzt zugegen
und auch immerfort, bis ich verklinge...

Wie vermessen, dass ich dies erzwinge,
Du bist bei mir, auch wenn wir zerstieben –
es ist das Schweigen, das ich nie durchdringe,
das mich zerbricht, weil wir uns lieben...

Die Welt und ich

Ich weiß nicht einmal, wer Du bist,
Du Unbekannte, die ich seltsam liebe –
soll ich bestreiten, dass ich Dich durchsiebe
nach einer Dauer, die Du nicht vergisst?

Es ist vergebens, Du bist viel zu schön,
als dass Du mich bewahren wolltest durch die Zeit –
es muss mir reichen, Dich kurz anzusehn
und still zu weichen in die Einsamkeit...

Es sind Momente meist, die mich verzehren,
der Schimmer gleißend-wacher Einzelheit –
und diese Liebe zu Dir wird mich sanft zerstören,
weil alles an ihr nur nach Bleiben schreit.

Möglichkeiten

Es sind, was ich so fürchte,
die Möglichkeiten, die da warten –
sie liegen da, nicht leidend,
unbekümmert im Geleit der Zeit,
und nicht sterbend, wie
ausgedörrter Regen in der Weite...

Und ich, der immerfort nur liebt,
sich still verzehrend an den Liedern,
bricht leise, wie die Nacht, entzwei,
gewahr, dass was da sein kann,
alles nichtet, und alles
unendlich groß macht...

Fruchtbonbon für Dich

Nimm mich in Dein zartes Händchen,
guck mich an und streichel mich,
öffne schnell das enge Bändchen,
das mich hübsch macht nur für Dich...

Beiß ein Stückchen von mir ab,
kaue, schmeck mich, schluck mich runter,
was man Dir sonst alles gab,
nichts war für Dich je gesunder.

Bin ganz reich an Vitaminen,
fettarm auch und nicht zu süß,
im Geschmack wie Sultaninen
und ein bisschen wie Anis.

Werd mich in Dein Bäuchlein legen,
gar nicht krummeln, gar nicht drücken,
werde Mund und Hälschen pflegen
und auch sonst Dich sehr beglücken.

Wenn Dein Herzchen dann mich hält
will ich Dich ganz fröhlich machen –
bin doch nur auf dieser Welt
für Dein wunderschönes Lachen.

Will Dich lieben und Dich kosen,
mich in Dich verweben,
ganz allein in diesem bloßen
Fruchtbonbon mich Dir ergeben.

Der zarten Wölbung Erregung...

Ein Etwas hat uns die Seelen vergossen,
in einen Strom aus verhärtetem Stein –
ohne Möglichkeit mehr zu atmen erstarrt,
ohne Möglichkeit langsam zu welken vor
dem Erfrieren, eingemauert in Ebenholz-
bilder, auch schön, wie das Kühl aller
Morgensterne, doch auch grausam entstellt:
ich flechte mein Leben ein in Träume, die
ich nicht träumen will, unsere Seele schläft
auf Dornenbeeten, kein Schrei mehr,
nur blutender Schlaf –
Ich erflehe den warmen Moment, das Brechen
der rohen Schalen der Angst, der zarten
Wölbung Erregung, ein Laut nur, ein Ton
der schlafenden, schweigenden Dinge wieder
in dieser Welt, der Zauberhände erneute
Bewegung, der durchdringenden Stille
Erlösung ins Leben, wir schlafen und
bluten und spüren es nicht. Wann naht
ein Morgen, wann Tageshauch und Weitung?

Melancholisch-Romantische Stimmung

Ich hoffe, Du wirst mich verstehen,
es war vom ersten Tag an so –
ich zwischen den Welten im Irgendwo,
wartend, Dich bei mir zu sehen...

Dämonen atmen in mir,
ich fürchte mich so vor den Lauten –
seit mich die Menschen verbauten
kann ich nur noch schlafen bei Dir...

Sie atmen mir die Seele auf,
oh, hilf mir, weiter zu träumen –
vergib mir, bitte, mein Überschäumen
aus Angst und nimm mich in Kauf...

Denn sieh, dieses zarte Licht,
da, auf den weisen Mauern –
ich glaube, sie werden trauern,
wenn mir das Herz zerbricht...

Denn ich bin einer, der sie liebt,
und keiner von den tauben Blinden –
oh, Du, versteh, was mich umgibt,
und vielleicht kannst Du mich ja finden...

Denn jeder Klang in dieser Welt
soll mich mit seinem Glanz bestäuben –
und nirgends in mir wächst ein Sträuben,
Du musst es sein, die mich erhält...

Der Träumer

Ich will euch von einem Träumer erzählen,
den ich kannte und der dieses Leben verließ,
denn er wollte sich mit der Stille vermählen,
die es aus dieser Welt schon lange verstieß.

Ich ging mit dem Träumer so manchen Tag,
oft auch am Abend, als er begann sich zu quälen,
zu jenen Feldern hinaus, die ich noch immer mag,
wo er dann nah und versonnen neben mir lag,
und begann, mir von seinem Traum zu erzählen:

Von Menschen, die die Klänge der Bilder betören,
und einer Welt, die gefühlt wird, nicht nur durchdacht;
von Kindern, an Zärtlichkeit weise gemacht,
die nie aufhörn zu staunen in sternweiter Nacht;
von Gesetzen der Liebe, die sanft alles Leiden zerstören,
und von Vertrauen und Einkehr, zu einander gebracht.

Und einmal, ich weiß es noch gut, es war spät,
da schloss der Träumer für immer die Lider,
und er ging fort, still wie er lebte und wie alles vergeht;
ich aber saß lange noch da und hatte verstanden:
bevor der Mensch sich nicht wieder und wieder
bewusst hält, was er nicht einfach versteht,
dass das Tiefste in uns solches Träumen erfleht,
gleicht er wahrlich einem vom Leben Verbannten.

Lieben

Mehr als schweigende Rundung ist dies,
das zwischen uns liegt, wenn wir lieben –
zueinander sich langsam entfaltende
Gegenständlichkeit einzelner Formen,
verwobener Einzelheit zaghaftes Zeigen...

Es geht dieses Sprechen, gebunden an
Lippen und tönerne Stimmen, so fehl,
unendlich, weil wo wir derart
Geborgenheit finden, dieses sterbliche
Leben verstummt...

Der Nacht entgegen

Wer schloss mir die Seele auf?
Wer befahl mir, alles zu wagen?
Wer hieß mich fliehen vor Sinn?

Wie soll ich dies ertragen?
Zu sterben von Anbeginn,
entfaltet ohne Gestalt,
und alles Zarte und jeder Halt
in mir bedroht und belogen...

Ich wanke und woge dahin,
einsam, und misstraue dem Tag,
er hat mich noch immer betrogen –
ich schreie, stumm wie ich bin,
der Nacht entgegen,
zu allem Vergessenen hin,
auf schweigsamen Wegen...

Die Obdachlose

Ich sah die stille Frau, sie flüsterte,
sich jenseits träumend von der leeren Welt,
in ihre winderstarrten, wehen Hände

ein Lied, das sich mit meinem Leben vergeschwisterte
und das uns alle manchmal in der Nacht befällt,
wenn alles in uns bricht durch jene schweren Wände...

So ging ich leise fort durch all die lauten Straßen
und ich bemerkte meine Wandlung kaum,
da sie das Unverhüllte, das wir längst vergaßen,
hinausersehnte in den klangerfüllten Raum...

Der Einsame

Der Einsame sprach:
Ich verbinde die Wege –
wie der Wandel mich brach,
seht ihr das nicht?
Und dass ich mich rege
wie umdunkeltes Licht...

Es nachtet, und ich
schweige die Wege entlang –
wie mir das Leben entwich,
seht ihr das nicht?
Alles an mir ist jetzt bang
Wie umdunkeltes Licht...

Der Einsame sprach:
Ich verlor mich im Lieben –
wie mein Verlangen mich brach,
seht ihr das nicht?
Jetzt muss ich zerstieben
wie durchbrochenes Licht...

Die Liebenden

Die Lippen zitterten, als sie
das zärtlich atmende berührten,
wo ihre Haut den Raum durchbrach,
wo ihre Hände sie verführten...

Die heißen Wangen brannten
sich in die Sanftheit ihrer bangen Tiefen,
als sie so liebgekost dort standen
und dennoch sehnend nach einander riefen...

Sind wir denn die Verborgenen, die nie
in solche unerforschten Tiefen fallen?

Wie ihre Haut den Raum durchbrach...

Wir zittern zögernd, suchend nach
Vertrautheit, wo sie bebend wagen,
die Räume ihrer Seelen auszuhallen
und engen Schweren zu entsagen

die Liebenden, die allen
Grenzen widerstreitend leben.

Bilder von Vergangenem

Es ist das Gehaltensein
des Moments, das schweigsamer schwindet
als wir verbleiben, und es allein
ist das am Einzelnen aufbewahrte,
das uns, die Seelen berührend, verbindet...

und das von aller Wehmut Angesparte,
das sich bei jenem aus uns allen weint
und uns erhebt, ist was uns findet
und uns mit dem Verlorenen vereint...

und das so reich Verweisende erscheint
verwahrt und wie auf Fels gegründet,
wie innehaltend vor dem nahen Feind...

Zerrissenes Ich

Du, angstvolles Beben,
Du kannst mich nicht brechen –
ich werde mich tausendfach
aus meinen Wunden weben –
dann bist Du schwach
und ich werde mich rächen...

Ich ertrinke im Leben,
wer nimmt mich in Kauf?
Außer dem Zeigen und Sterben,
wem soll ich mich geben,
wer nimmt mich auf?
Ich muss mich verderben,
das ist mein Lauf –

Stille im Herbstwind,
nahe bei Dir,
sonnende Seele im Hier –
sorgloses Kind...

Diagnose

Kaum dass wir noch schimmern,
ich fürchte, wir sind erfroren,
wir waren nie weniger wahr...

Uns droht der Tod durch Verkümmern,
Achtung, Diagnose: Lebensgefahr!
Wir sind leer und verloren...

Was mich erschreckt: das Verrohen,
das Brodeln unter den Oberflächen,
reißende Ströme ins Irgendwo,

und die Tiefen, die uns bedrohen... –
wenn wir nicht wenden, werden wir brechen
langsam und ohne Laut: einfach so...

Notiz eines Verzweifelten

Wer kann nur vage ahnen,
wie ängstlich-einsam ich nun bin?
Wir gehen doch die gleichen Bahnen,
doch mir verbirgt sich jeder Sinn...

Mir fließt das Alles in die Bäche,
die schmal und traurig gehen durch den Wald –
ich weiß, dass ich das Leben breche
und alles zu mir durchdringt ohne Halt...

... und dass ich mich in Deine Arme lege
bringt sanft ein banges Warten in mein Wogen –
Du liebst mich, doch ich habe alle Wege
und alles, was mich annahm, längst betrogen...

Für die vergessenen Kinder

Dies ist für die Kinder ein Lied,
die jetzt im Irgendwo leiden,
einsam weinend über zertrümmerter Freude –
an denen sich menschliche Abgründe waiden...

Dies ist für die Kinder ein Lied,
deren jüngst strahlendes Lachen heute
erwartet wird von dunkelndem Tag –
denen grausamstes Unrecht geschieht...

Dies ist für die Kinder ein Lied,
die niemand zu trösten vermag,
in ihrem vergessenen Leid –
für die niemand um Hilfe schreit...

Denn wenn das Licht sie auch flieht
bis zur erlösenden Dunkelheit,
wo für sie nur noch Hoffnung lag –
so werden vielleicht doch zu mancher Zeit

die Menschen durch diese Zeilen gewahr,
dass jetzt Kinder im Irgendwo leiden,
während sie durch das Leben schreiten,
oft blind und behütet vor jeder Gefahr...

Der geliebte Dichter

Ich fürchte nichts und alles
an Deiner Hand –
dies Leben ist nicht Stille,
jenseits des Lichts, des Falles,
der das erfand,
was ich erfülle...

Das Herz stürzt mir ein,
doch Du bist da
und hältst mich; Ermüdung,
und ich war einst rein,
als ich noch sah –
doch jetzt: kaum noch Befriedung...

... und doch weit,
Wärme und Raum
an Dir, und Frieden –
doch nie wirklich befreit,
mein Leben bleibt Traum,
längst bin ich entschieden...

Ringen

Ich falle und falle, hinauf
in Richtung Ende der Nacht,
und spieße mich wieder auf,
kaum noch, dass Morgen wacht...

...und ich schreie und schreie
und schleudere Fetzen von mir –
ob ich mich jemals befreie...?
Wenn überhaupt, dann mit Dir...

Meine Seele ist tätowiert,
nagende Tinte in Unterhaut –
welch schmerzhaftes Laut,
welche Scham mich erfriert...

Und Du, meine flüsternde Linde,
die mich empor trägt zum Tag –
Du, Lied meiner Winde,
sag, hältst Du mich, sag...?

Ich träume oft...

Ich träume oft, dass all dies sänge –
der Staub, der mich im Sonnenlicht bestrahlt,
der Schleier, der den Abend fahlt,
das Schweigen, das mein Leben malt
und all die Formen, die ich in mich dränge...

Dass alles dies im Spiel mit mir
zum Klang sich höbe und zur Einheit fände,
wie Meere sich hingeben an die Strände,
wie Du Dein Herz gelegt in meine Hände,
und wie mein Sturm zum Spiegel wird bei Dir...

Dann könnte ich den Augenblick liebkosen
und ihn in seiner Reinheit tief bewohnen;
ein Augenschlag, so weit wie hunderte Äonen,
und kein Empfinden dürfte mich mehr schonen –
doch wer träumt so mit mir? Vielleicht die Rosen...